PABLO NERUDA
NON
À L'HUMANITÉ NAUFRAGÉE

"Ceux qui ont dit non"
Une collection dirigée par Murielle Szac.

Illustration de couverture : François Roca

Éditorial : Isabelle Péhourticq assistée de Noémie Seux-Sorek
Directeur de création : Kamy Pakdel
Directeur artistique : Guillaume Berga
Maquette : Marie-Thérèse Mejean

© Actes Sud, 2019 – 978-2-330-14172-1
Loi 49-956 du 16 juillet 1949 sur les publications destinées à la jeunesse

www.actes-sud-junior.fr
www.ceuxquiontditnon.fr

BRUNO DOUCEY

PABLO NERUDA : "NON À L'HUMANITÉ NAUFRAGÉE"

ACTES SUD JUNIOR

*Aux élèves du collège Pablo-Neruda
de Grigny (Essonne)
et à leurs parents venus de tous les horizons.*

Les cavaliers cheminent maintenant en file indienne. Sur leur droite, les parois abruptes où s'accrochent des arbustes rabougris. À gauche, dans la pénombre, le ravin au fond duquel grondent les eaux d'un torrent. Devant eux, étroit et sinueux, le sentier qui serpente entre les pierres éboulées. De temps à autre, le vol d'un rapace déchire l'espace. Ils ne disent pas un mot. Chacun est affairé à suivre le passeur qui a réduit l'allure. Un faux pas du cheval et l'aventure se terminerait deux cents mètres plus bas. Ces pistes de contrebandiers sont les plus périlleuses des Andes. En montagne, les passages secrets sont toujours les plus risqués.

"Savez-vous pourquoi les carabiniers ne se soucient même plus de les surveiller ?" avait demandé le passeur au moment de se mettre en marche, aux premières lueurs du jour. C'est le poète qui avait répondu : "Parce que fleuves et précipices se chargent seuls de barrer la route au voyageur." L'homme s'était contenté d'une approbation narquoise. Chacun savait au moins à quoi s'en tenir.

Pablo Neruda n'est pas monté à cheval depuis l'enfance et ses compagnons de fuite sont plus aguerris que lui. Mais dès qu'ils auront franchi le col, les choses seront plus faciles. Une longue descente à flanc de montagne, le retour progressif de la végétation, de grands arbres distants les uns des autres, puis la forêt primaire, dense et sauvage, presque impraticable, où l'on cheminera à l'abri des regards.
"Eh bien, voilà ce qu'est l'exil, se dit Pablo Neruda tandis que ses compagnons cheminent avec

prudence sur la piste escarpée. Une marche clandestine en direction de la frontière. Une fuite en avant. Une errance que l'on nomme évasion, avec le fol espoir d'atteindre un pays où l'on pourra vivre libre."

Pour lui qui quitte le Chili à travers la cordillère des Andes, ce sera d'abord l'Argentine puis, si tout va bien d'ici là, un départ pour l'Europe et l'Union soviétique où des amis sont prêts à l'accueillir. Les pensées bouillonnent dans sa tête, comme bouillonnaient tout à l'heure les eaux de la rivière au fond des gorges. Un sentiment de révolte le submerge. "L'exil... *Madre de Dios*, mais personne ne quitte sa maison avec plaisir ! Personne ne laisse sa vie derrière soi, personne n'abandonne un métier, une terre, des amis, sa famille parfois, pour aller tirer un quelconque avantage d'un pays d'accueil ! Mettre son existence entière dans un baluchon et partir. Franchir des cols enneigés. Traverser des déserts. Monter sur un bateau et voir la rive s'éloigner à jamais.

Risquer sa vie. Être de passage, toujours de passage. Trembler de peur d'être arrêté au premier contrôle d'identité. Mendier son pain dans une langue que l'on ne parle pas. Côtoyer des gens que l'on ne connaît pas. Fermer les yeux et voir sa maison incendiée, entendre sa vieille mère pleurer. Les ouvrir et ne rien reconnaître autour de soi. *La nuit de l'exilé est toujours d'encre et de sang...* Qui a écrit cela ?" Il ne le sait plus au juste, mais cela importe peu puisque le bannissement, l'exode commencent toujours par faire de l'exilé un anonyme. "Ah ! Dans l'exil, même les rayons du soleil ressemblent à des barreaux..."
– Que dis-tu, Pablo ?
Sur le sentier qui s'est élargi, un de ses compagnons vient de monter à sa hauteur. Le poète ne s'est pas rendu compte qu'il parlait tout haut. Il faut dire que depuis trois jours ils n'ont que peu échangé. Les courbes qui ondulent sous le corps du cavalier, le tintement régulier des sabots sur le sol, les heures qui passent à mesure

que se déploie la montagne andine... Les chemins de la liberté sont propices au vagabondage des pensées.

Cette fuite à travers les Andes est une épreuve, mais Neruda en a conscience : il n'est pas à plaindre, d'autres que lui ont connu, et connaissent encore dans le monde, un exil plus tragique.

Depuis que Videla est arrivé au pouvoir au Chili, il y a trois ans, en 1946, le poète est dans le viseur du régime. Ses écrits provoquent, ses écrits déplaisent. Gabriel González Videla... Neruda plongé dans ses pensées esquisse une moue où se mêlent l'ironie et le dégoût. En vérité, le nouveau président de la République est un paltoquet, un fantoche qui bénéficie du soutien des États-Unis, un petit despote qui persécute les communistes qui ont pourtant contribué à son élection. L'écrivain doit fuir son pays parce que la police veut le mettre sous les verrous, mais il ne retire pas une ligne de ce qu'il a écrit : "González Videla est un produit des magouilles politiques,

un frivole impénitent, un faible qui veut jouer les durs... Un petit vampire abject et vindicatif."
Le poète se tourne vers le compagnon qui va l'amble à ses côtés.

– Non, Víctor, je ne suis pas à plaindre. Je fuis le Chili parce que mes écrits sont une arme que redoute le pouvoir, mais je reviendrai un jour. Tandis qu'eux...

Il marque un temps de silence, puis reprend d'une voix grave.

– Les familles obligées de fuir les bombardements, les populations victimes de guerres civiles, les laissés-pour-compte de la démocratie... Pour eux, l'exil c'est bien autre chose.

Víctor Bianchi, le montagnard aguerri qui accompagne Neruda dans sa fuite, sait quels souvenirs ressasse son ami. D'un geste calme, il flatte l'encolure de son cheval puis se tourne vers le poète.

– Je sais à quoi tu penses, Pablo. Hier, c'étaient eux ; aujourd'hui, c'est toi. Mais ce que tu as fait il y a dix ans, c'est la plus belle chose que puisse faire un homme.

Un instant il s'interrompt, lève la main en direction des trois cavaliers qui se trouvent devant eux, et reprend :

– Figure-toi d'ailleurs que nos compagnons de route m'ont interrogé sur cet épisode de ta vie. L'un d'eux voulait même savoir si le cargo t'appartenait. Il faut dire qu'avec cette barbe, tu ressembles un peu à un vieux loup de mer.

Le poète se fend d'un sourire amusé.

– Un cargo dans les Andes ! Oui, mon ami, je raconterai cette histoire parce qu'elle en vaut la peine. Quant au marin... Après un an et demi de vie clandestine, même un imberbe paraîtrait hirsute.

Devant eux, plein est, le soleil vient de franchir la ligne de crête. Sa lumière pénètre déjà dans la clairière que les cavaliers viennent d'atteindre. L'ombre des grands mélèzes s'allonge sur l'herbe que la pluie australe a fait verdir pour de longs mois, et qui craquera bientôt sous les dents des chevaux. Une rivière chante non loin de là, une brise légère souffle entre les arbres. Quelque chose d'apaisant et de magique infuse le paysage. Le passeur vient de mettre pied à terre.

– Courte pause, *caballeros*.

Un instant plus tard, un des hommes sort un thermos de son sac et un petit sachet de feuilles concassées avec lequel il prépare le maté, première boisson de la journée. Comme les autres, Pablo Neruda tient sa calebasse entre les mains, mais avant de porter à ses lèvres la *bombilla*, la petite paille métallique qu'il emporte partout avec lui, il répand un peu de liquide sur le sol.

– À la Pachamama, la Terre Mère qui nous nourrit, dit-il avec recueillement.

– À la Pachamama ! reprennent en chœur ses compagnons.

En ces instants, le poète sent combien le sang des Indiens araucans coule en lui. Il appartient à cette terre, ce long ruban de sable, de roches, de feu et de glace qu'est le Chili, ce pays tout en longueur, effilé comme une graminée, démesurément étendu du nord au sud, où tous les climats, toutes les dispositions naturelles se succèdent : le chaud et le froid, le sec et l'humide, le désert, la forêt, les plus hautes montagnes, les plages de sable fin et les falaises abruptes qui tombent dans le Pacifique, les glaciers, les volcans et les fjords.

Comme s'il avait deviné les pensées de son ami, Víctor Bianchi prolonge l'offrande à la terre qu'ils viennent d'effectuer par ces mots :

– Ce chemin qui t'éloigne du Chili, Pablo, un jour tu le feras dans l'autre sens. Et nous serons là pour t'accueillir.

Le poète regarde longuement ses compagnons, avant de leur adresser ces vers qui lui sont venus tout à l'heure :

L'exil est rond :
un cercle, un anneau :

tes pieds en font le tour, tu traverses la terre
et ce n'est pas ta terre,
le jour t'éveille et ce n'est pas le tien,
la nuit arrive : il manque tes étoiles,
tu te trouves des frères : mais ce n'est pas ton sang[1].

---

[1]. Pablo Neruda, "Exil", *Mémorial de l'Île noire* suivi de *Encore*, traduit de l'espagnol par Claude Couffon, © Gallimard, 1970, 344 p.

Après l'interminable chevauchée de la journée, les cavaliers viennent d'atteindre une cabane. Ils y passeront la nuit qui tombe sur les Andes. À cette altitude, dans l'air glacial et les tourmentes géologiques qu'offre le paysage, un abri peut vous sauver la vie. Le feu crépite déjà dans le poêle.
Les hommes ont déplié leur paquetage et se sont assis autour du foyer, une couverture sur les épaules.
Tandis qu'ils partagent le pain et le fromage, des épis de maïs grillent sur la plaque de fonte.
Le plus jeune de ses compagnons se tourne vers Neruda.

– Et cette histoire, don Pablo ? Il paraît que votre cargo portait le nom d'une ville du Grand Nord.

Le poète regarde les hommes qui l'entourent. Une attente se lit dans leur regard. Quand il s'agit d'écouter une histoire, chacun convoque en soi l'enfant qu'il était.

Ce matin, en cheminant le long de la rivière, plongé dans ses pensées, Neruda n'a-t-il pas lui aussi retrouvé l'enfant qu'il était autrefois ? Le petit garçon né à Parral un jour de juillet... Sa mère qu'il n'avait pas connue puisque la tuberculose l'avait emportée peu après sa naissance... Son père, machiniste de chemin de fer, qui avait pris la route qui mène vers le Sud, un bébé sur les bras... Leur installation à Temuco, une ville naissante en pleine Araucanie, où ils avaient longtemps mené une vie de pionniers... Cette enfance liée à la pluie, la grande pluie australe...

Pour un peu, c'est cette histoire d'un garçon qui a connu très tôt les affres du départ qu'il raconterait à ses amis. Et il n'aurait pas besoin d'en dire beaucoup pour que l'on entende ses pas clapoter sur le sentier qui mène à l'école, où les enfants se réchauffaient devant le braséro, tandis que leurs galoches crachaient de la vapeur comme de petites locomotives.

Voyons ! Ce n'est pas le récit d'un voyage en train que ses compagnons veulent entendre, mais une odyssée à travers les océans.

Ce soir, dans la cabane où les hommes tentent de reprendre souffle, Pablo Neruda prend une longue inspiration, cale ses reins contre le dossier de la chaise et achève de bourrer sa pipe, comme quelqu'un qui rassemble ses idées avant de prendre la parole.

– Cette histoire, mes amis, c'est la vôtre, celle du pays où vous êtes nés et que je m'apprête à quitter. Souvenez-vous : il y a dix ans, le Chili était une terre d'accueil pour les déshérités, un havre de paix pour les êtres qui fuyaient la guerre.

Le jeune homme qui l'a sollicité bout d'envie d'en savoir davantage.
— Patience, mon garçon. Une ville du Grand Nord ? Ah, oui, j'y viens.

"J'ai tout de suite aimé le nom *Winnipeg*. Les mots ont des ailes ou n'en ont pas. Les mots rugueux restent collés au papier, à la table, à la terre. Le mot *Winnipeg*, lui, est ailé[1].

Mais tu as raison, petit, *Winnipeg* est aussi le nom d'une ville située dans le Manitoba, une province du Nord canadien. Je n'y suis jamais allé et cette ville n'a rien à voir avec mon histoire, car mon histoire, la plus noble de ma vie, débute en Espagne au milieu des années 1930. J'y étais consul, en poste à Barcelone, puis à Madrid. Je

---

1. L'extrait exact est tiré d'un de ses recueils : "J'ai aimé dès le début le mot *Winnipeg*. Les mots ont des ailes ou n'en ont pas. Les mots rugueux restent collés au papier, à la table, à la terre. Le mot *Winnipeg* est ailé." Voir Pablo Neruda, "Le *Winnipeg* et autres poèmes", Né pour naître, traduit de l'espagnol par Claude Couffon, Gallimard, 1980. 499 p.

vivais en homme libre, dans la proximité des poètes : Rafael Alberti, Miguel Hernández, Antonio Machado et le plus beau, le plus tendre, le plus talentueux d'entre eux, Federico García Lorca. J'avais l'Espagne au cœur, en ce temps-là. En ce temps-là, je respirais l'Espagne comme on hume l'arôme des orangers. Pour nous, la poésie était un acte de paix. Oui, mes amis, le poète naît de la paix, comme le pain naît de la farine. Mais voilà, il a fallu que tout bascule. L'Espagne fasciste a serré son poing sur le cou des colombes. Federico García Lorca, le poète de Grenade, a été fusillé non loin de son village natal... Fusillé ? Que dis-je, assassiné plutôt ! La guerre civile a déchiré le pays. Le 26 avril 1937, les avions allemands et italiens de la légion Condor ont bombardé la petite ville de Guernica dans le Pays basque espagnol. Des centaines de milliers de gens ont pris la route de l'exil. Les Pyrénées, cette chaîne de montagnes qui sépare l'Espagne de la France, sont devenues le lieu de tous les espoirs et le théâtre de tous les drames, un éden à atteindre pour échapper à la guerre et le cimetière où les plus faibles sont tombés. Tant de personnes jetées sur les routes, arrachées à leur terre, transformées en apatrides... L'exil est une herse qui écorche ceux qui passent entre ses dents.

Quant à moi, consul confortablement installé dans le velours de la vie diplomatique... Ah ! j'ai tenté de résister, à ma manière, mais sans succès. Lorsque mon ami Miguel Hernández a demandé refuge à l'ambassade du Chili, je n'ai pu empêcher que l'ambassadeur Carlos Morla Lynch lui refuse l'asile. Peu après, Miguel était arrêté et conduit au bagne d'Alicante. Il est y mort de la tuberculose, sept ans plus tard."

Le poète passe doucement sa main sur la table de la cabane, amochée de taches et d'entailles. Autour de lui, personne ne dit mot. Tous attendent qu'il reprenne le cours de son récit. Seul le passeur se tient à l'écart du petit groupe, étrangement distant. Neruda a bien vu pourtant qu'il n'en perdait pas une miette.

"Pauvre Miguel !
Pour moi, les choses ont été infiniment plus simples. Le gouvernement chilien m'a relevé de mes fonctions. Mon travail consulaire était terminé.
Au cours de l'automne 1936, j'ai quitté l'Espagne et me suis installé à Paris. À mes frères poètes disparus dans le brasier de la guerre civile espagnole ont succédé des amitiés françaises : celles d'Aragon et d'Éluard, celle de Nancy Cunard, des écrivains qui m'ont aidé à défendre par la littérature la liberté opprimée. Une revue est née de nos rencontres : *Les poètes du monde défendent le peuple espagnol*. Des mots contre les maux. Des poèmes pour faire taire les armes. Une internationale de la solidarité artistique… C'est beau, n'est-ce pas ?
Oui, mais cela n'a pas suffi.

Cela n'a pas empêché les républicains de tomber sous la mitraille franquiste. Le sang de couler sur le bord des routes. Les mères de perdre leurs fils dans des combats fratricides. Les femmes d'être violées dans les villages reculés. La liberté d'être foulée aux pieds comme une serpillière.

Dans le Sud de la France, la Retirada, cet exode de centaines de milliers de gens qui fuyaient la guerre, a révélé les limites de l'acceptation d'autrui. En février 1939, dans la neige et le froid, la frontière est ouverte aux réfugiés. Mais quand cinq cent mille personnes s'y engouffrent, les opinions divergent. En France, les uns demandent que l'on accueille dignement ces exilés ; d'autres redoutent de voir des hordes de révolutionnaires rouges menacer la stabilité d'un pays qui a déjà assez de ses propres problèmes. Dans un journal de droite, *L'Action française*, les républicains espagnols sont qualifiés de *virus* et d'*envahisseurs*. Des hommes politiques réclament l'expulsion immédiate de tous les réfugiés.

Demain, je serai seul à franchir la frontière argentine. Personne ne me dira que je vole le pain des plus démunis ou que je prends la place d'un Argentin sur le marché du travail. Mais quand un demi-million de pauvres diables qui ne demandent qu'à survivre arrivent sur une terre qui n'est pas prête à les accueillir... Ah ! Croyez-moi, l'inconnu devient vite un étranger, et l'étranger un indésirable.

À cette époque-là, le gouvernement français envoie des troupes militaires aux différents points de passage pour tenter d'endiguer le flot des expatriés. On les fouille. On les désarme. On les enregistre. On les vaccine, quand on le peut. Les familles sont séparées. Les femmes, les enfants et les vieillards sont envoyés d'un côté, parfois vers l'intérieur du pays où les attendent des centres d'hébergement ; les hommes, de l'autre. Partout surgissent des camps de fortune où s'entassent les exilés. Des baraquements sont montés en hâte, à même le sable des plages, à Argelès-sur-Mer,

Barcarès, Saint-Cyprien, Rivesaltes, Agde. Ailleurs encore, à Septfonds, à Gurs, des terrains vagues sont transformés en camps de concentration. Ces noms ne vous disent rien, mes amis ! Mais pour moi qui ai sillonné ces lieux... Et pour les centaines de milliers de personnes qui les ont occupés dans une détresse sans pareille, souvent sans eau potable, à la merci des épidémies, tourmentées par la faim, harcelées par la surveillance incessante des forces de l'ordre...

Un jour viendra où l'on reconnaîtra, en France et dans le monde, le rôle éminent joué par cette immigration d'hommes et de femmes épris de liberté, travailleurs courageux qui ne demandaient qu'à vivre en paix. Mais en ces heures de long chagrin, entre 1936 et 1939, *Madre de Dios*... J'aurais pu écrire alors les vers les plus tristes."

Un bruit étrange vient de heurter le silence qui entoure la cabane. D'un geste de la main, le passeur fait signe à Neruda d'interrompre son récit.

À pas de loup, il s'approche de la porte, l'ouvre doucement et tend l'oreille dans le noir. Là où ils se trouvent, les hommes entendent le bruit régulier des gouttes d'eau qui crépitent sur le seuil. Le passeur fait quelques pas à l'extérieur, puis en revient chargé d'un glaçon long comme un poignard.
– *Hombre*, ce n'est rien ! Avec le feu, la glace se détache du toit.
Dans la pièce, Pablo Neruda rallume sa pipe. Il regarde ses amis dont les pensées ont depuis longtemps quitté les Andes pour suivre la colonne des réfugiés sur les sentiers qui mènent en France. Même Víctor Bianchi, qui connaît pourtant l'histoire, semble désireux de voir le poète reprendre son récit. "Sans doute veut-il échapper à ses propres fantômes", se dit Neruda en songeant au drame que son ami avait vécu autrefois dans les Andes, lorsqu'il avait participé à l'ascension de l'Aconcagua, à près de 7 000 mètres d'altitude, au cours d'une expédition tragique dont il était resté l'unique survivant.

Le poète porte sur ses compagnons un regard où se lisent tendresse et vague à l'âme.

"Ah ! Si seulement avec une goutte de poésie ou d'amour nous pouvions apaiser la haine du monde ! Chacun de nous a ses fantômes. Les miens ont longtemps séjourné dans les camps de réfugiés du Sud de la France. J'aurais aimé qu'ils aient des ailes pour s'envoler comme des oiseaux. Mais non, la dictature les avait jetés là, dans une indescriptible misère, sans espoir de retour ni possibilité de guérison : l'exil est une lèpre qui vous ronge.
Des ailes ? Oui, le *Winnipeg* en avait. Je l'ai vu s'envoler de l'estuaire de la Gironde un jour d'août 1939.
C'était un vieux bateau auquel les sept mers et les six océans avaient donné sa dignité. Un de ces cargos qui avait passé sa vie à transporter des matières premières – minerais, café, riz, cacao, noix de coco – et qui terminait son existence dans

l'indifférence générale. Lorsqu'un cheval cesse d'aller et venir, il meurt. Pour les bateaux, c'est autre chose. Ils ne meurent pas, ils stagnent.
Dans le fond des estuaires.
Le long des embarcadères abandonnés.
Dans les rades où la rouille donne le sentiment qu'un soleil s'est noyé.

Le *Winnipeg*, je l'ai vu pour la première fois dans le port de Trompeloup, sur la rive gauche de l'estuaire de la Gironde.
9 000 tonnes d'acier, sorties d'un chantier naval deux décennies plus tôt, en 1918.
144 mètres de long.
Quatre mâts et une grosse cheminée.
Ah, mes amis ! Ce géant des mers restera à jamais amarré dans ma mémoire."

– Mais qu'est-il devenu aujourd'hui, don Pablo ?
Les autres font signe au jeune homme de ne pas interrompre le poète. Tandis que l'on recharge

le poêle, Pablo Neruda reprend le cours de son histoire.

"Aujourd'hui, le *Winnipeg* gît au fond de la mer. Il a été torpillé pendant la Seconde Guerre mondiale par un sous-marin britannique. Eh oui ! Les plus belles aventures humaines connaissent parfois des fins injustes.
Mais savez-vous qu'avant de périr les bateaux peuvent avoir plusieurs vies ? Et même plusieurs noms – comme moi qui signe mes livres *Pablo Neruda* alors que je suis venu au monde sous le nom de Ricardo Eliécer Neftalí Reyes-Basoalto. Mais ce n'est pas de moi qu'il s'agit ce soir. Cette soirée, la dernière que je passe au Chili avant longtemps, c'est à la mémoire d'un cargo nommé solidarité que je la dédie. Enfin, façon de parler puisque, avant de se nommer *Winnipeg*, celui qui fut longtemps le plus grand bateau du monde avait connu une autre vie sous le nom de *Jacques Cartier*.

¡Qué maravilla! Ce que les mots nous disent... Jacques Cartier, Winnipeg... Après avoir porté le nom du navigateur français qui aborda le golfe du Saint-Laurent en 1534, mon bateau endossa l'identité d'une ville. De l'horizon d'un être à l'horizon d'une foule... Un peu comme le travail du poète... Un peu comme l'amour aussi, quand le sentiment éprouvé pour une unique personne nous fait aimer l'humanité entière... Bon sang, mais je n'y avais jamais pensé jusque-là ! Merci à vous, mes camarades. Merci de m'avoir permis de voir autrement ce que j'ai sous les yeux depuis dix ans. Ce que les mots nous disent, vraiment, quelle merveille !

Mais revenons-en à l'estuaire de la Gironde.
En ce temps-là, des milliers d'Espagnols croupissaient dans des camps surchargés. La liberté agonisait aux portes d'une des premières démocraties du monde. Le sens de l'hospitalité, cette vertu cardinale des peuples, se fanait comme une plante coupée.

Non loin de là, à Collioure, sur la côte orientale des Pyrénées, un homme que j'avais profondément aimé, un poète que l'exode avait brisé, était entré dans un petit cimetière dont il ne ressortirait plus. Antonio Machado mort en exil à Collioure... Pour lui, le crime avait pris le visage du chagrin.

Quant à moi, qui traversais ces années bien au chaud à Paris et à Santiago, où il m'est arrivé quelquefois de rentrer, qu'allais-je accomplir qui puisse justifier ma résidence sur la Terre ? Il ne suffit pas de dire non à l'exil pour faire cesser l'exil, non aux armes pour faire taire les armes. Dans la situation où nous nous trouvions, coincés entre la guerre civile espagnole et les prémices de la Seconde Guerre mondiale, livrés à l'exode des populations et à la débâcle du cœur, la poésie m'était indispensable mais ne suffisait pas. Il fallait oser quelque chose. Il fallait entreprendre. Écrire était mon souffle, agir serait mon chant.

Ce chant, c'est par le crépitement du télégraphe qu'il a débuté. Un crépitement océanique venu d'Amérique, et dont l'écho s'est prolongé jusqu'aux embarcadères de la Gironde.

Mes amis, vous le savez : le Chili de 1939 n'était pas celui d'aujourd'hui. Il y a dix ans, nous venions de changer de gouvernement et le Front populaire nouvellement élu se montrait attentif aux malheurs des républicains jetés sur les routes. En vérité, le président Pedro Aguirre Cerda m'avait demandé d'organiser l'immigration au Chili de réfugiés espagnols. « Faites venir des milliers d'Espagnols », m'avait-il dit un jour que je me trouvais dans son bureau du palais présidentiel.

J'étais reparti en France avec une mission clairement définie : arracher les Espagnols à leur prison et leur offrir l'hospitalité de ma patrie. Restait à trouver le moyen de la mettre en œuvre. Inutile de vous dire, *compañeros*, que ce projet d'accueillir des exilés faisait grincer des dents de tous côtés. Au Chili, où l'opposition de droite était vent debout contre un gouvernement jugé trop progressiste ; en France, où les diplomates brillantinés de l'ambassade voyaient d'un bien mauvais œil cette porte ouverte aux « indésirables ». Parmi eux, un roquet qui ne tarderait pas à me pincer le mollet et se hausserait du col pour hurler avec les loups : González Videla, le misérable à la pensée insignifiante et perverse qui nous sert aujourd'hui de président, venait d'être nommé ambassadeur du Chili à Paris. Vous le voyez, mes problèmes ne datent pas d'hier !

Où en étais-je ? Ah oui ! La musique du télégraphe...
Ordre et contrordre, instructions formelles et mission suspendue... La décision ne fut pas prise en un jour, mais un télégramme m'annonça, dans le courant de l'année 1939, que le président Pedro Aguirre Cerda confirmait sa volonté d'accueillir des réfugiés espagnols. « Nous avons du

travail pour tous. Faites venir des pêcheurs ; des Basques, des Castillans, des Estrémègnes... »
J'allais donc pouvoir accomplir la mission la plus utile de ma vie.

Depuis combien de temps le *Winnipeg* dormait-il dans l'estuaire de la Gironde ? Je ne le savais pas exactement. Mais nous allions le réveiller. Nous allions lui dire : « Ta vie de vieux bateau n'est pas finie. Tu pensais en avoir terminé avec la traversée des océans, comme ces vieilles gens que l'on met au rancart quand elles perdent toute utilité sociale. Tu pensais que tu ne quitterais plus l'estuaire où se languit ton existence de navire à la retraite. Que tu ne braverais plus les courants de l'Atlantique. Que tu ne franchirais plus le canal de Panamá. Que ton ventre noir ne glisserait plus parmi les baleines du Pacifique. Que tu n'apercevrais plus les cimes argentées de la cordillère des Andes à l'approche des côtes chiliennes. Que tu ne verrais plus le port de

Valparaíso où tu es né. Eh bien non, bateau, tu vas reprendre du service sous un pavillon que tu ne connais pas encore : celui de la solidarité internationale ! »

Ah ! Je m'emporte.
C'est toujours ainsi. Quand je raconte une histoire que j'ai vécue, je ne peux m'empêcher de la récrire. Les chevaux de la parole galopent plus vite que je ne le voudrais. Parfois, il me faut alors revenir en arrière pour corriger une erreur, tempérer une affabulation, remettre la bride de l'exactitude sur le col du réel.
Tenez : je viens de vous dire que je ne savais pas depuis combien de temps le *Winnipeg* dormait dans l'estuaire de la Gironde. Eh bien, c'est en partie faux. En vérité, en mars 1939, mon cargo se trouvait dans le port de Carthagène, en Colombie. France-Navigation, la compagnie maritime qui le possède (car « mon cargo » ne m'a jamais appartenu !), le fait alors revenir en Europe.

Escale à Alicante, dans le Sud de l'Espagne, où des milliers de républicains sont pris au piège de la guerre civile... Puis détroit de Gibraltar... golfe de Gascogne... Au début de l'été, le *Winnipeg* est immobilisé au Havre.

Qu'y fait-il ?

Rien. Lui ne fait rien, ce sont les ouvriers qui s'y affairent. Les menuisiers, les charpentiers, les soudeurs. Ceux que l'on charge de transformer les cales en dortoirs et en réfectoires. Pensez donc : le plus grand cargo du monde n'avait jamais transporté plus de trente à quarante hommes d'équipage. De là à embarquer deux mille réfugiés espagnols pour un voyage à travers les océans. Je le concède : l'aventure du *Winnipeg* était une douce folie !

Durant les mois qui ont précédé cet appareillage, j'ai travaillé en étroite collaboration avec le gouvernement espagnol en exil et le Service d'évacuation des réfugiés espagnols, un organisme français. Un recensement de ceux qui souhaitaient partir fut effectué dans les camps et les centres d'hébergement. La presse relaya l'information. Le bouche à oreille fit le reste.

Bientôt, des milliers de lettres de candidature affluèrent sur mon bureau, au quatrième étage de l'ambassade.

Malgré les coups du sort et les ajournements, nous sommes parvenus à préparer l'expédition. Le *Winnipeg* allait bel et bien prendre le large. Direction Valparaíso ! À son bord, plus de deux mille Espagnols, tous volontaires au départ, seraient accueillis au Chili. Là, on leur offrirait un toit et du travail. On restaurerait chacun dans sa dignité. On permettrait aux enfants de suivre une scolarité. L'apatride deviendrait un citoyen, l'indésirable un être qu'on salue dans la rue.

Le reste ne se raconte pas, mes amis. Il faut l'avoir vécu pour en mesurer l'incroyable portée. Les trains qui arrivent de tous côtés à la gare de Trompeloup, en ces premiers jours d'août 1939. Les femmes qui retrouvent leurs maris après de longs mois de séparation. Les enfants qui embrassent leurs pères amaigris et fatigués. Les étreintes. Les éclats de rire et les sanglots. Les accolades et les baisers. Le grand tourbillon des retrouvailles. Les valises qui s'entrechoquent. Les baluchons qui se mélangent. La longue file qui s'organise devant les tables où nous vérifions l'identité et les papiers de chacun. Le tampon apposé sur les fiches sanitaires. Les regards qui brillent de reconnaissance. La joie qui éclate une fois les formalités remplies. Ces dizaines de réfugiés espagnols qui se présentent au débotté sans s'être préalablement inscrits sur les listes, et pour lesquels il faut trancher, dire oui ou non selon les places disponibles. Mes approbations répétées sous le regard sévère des fonctionnaires de l'ambassade.

Et lui, le grand navire qui les attend sur le quai, impassible et disponible ; ce géant des mers qui accueille mes protégés, pèlerins en partance pour des terres inconnues.

Combien furent-ils à lever l'ancre, ce 4 août 1939, pour une traversée qui durerait un mois ? Près de deux mille cinq cents, tous devenus en un jour les membres d'une même famille : celle du cœur et de l'entraide.

Mais qu'importent les chiffres ! Nous avons besoin de poésie pour nous endormir le cœur léger dans cette cabane des hautes aires.

Et je les ai mis sur mon bateau.
C'était en plein jour et la France
eut cette fois sa robe d'apparat
quotidienne,
il y avait
la clarté du vin et de l'air
dans sa tunique de déesse forestière.
Mon navire attendait
avec son nom lointain
« Winnipeg »
collé à la jetée du jardin embrasé,
aux vieux raisins obstinés de l'Europe,
Pourtant mes Espagnols ne venaient pas
de Versailles,

du bal argenté,
des tapis anciens, amarante,
des coupes qui trillent
avec le vin,
non, ils ne venaient pas de là,
non, ils ne venaient pas de là.
De plus loin,
des camps et des maisons d'arrêt,
des sables noirs
du Sahara,
des cachettes inclémentes
où ils gisaient
dans la faim et la nudité,
là vers
mon bateau clair,
vers mon navire à l'ancre, vers l'espoir[1].

---

[1]. Pablo Neruda, "Mission d'amour", *Mémorial de l'Île noire* suivi de *Encore*, traduit de l'espagnol par Claude Couffon, © Gallimard, 1970, 344 p.

Pablo Neruda vient de mettre un terme à son récit. Peut-être le reprendra-t-il demain sur les sentiers qui mènent à la frontière. Pour l'heure, chacun reste avec l'image du grand navire qui appareille.

Les hommes se sont allongés autour du poêle qui rougeoie, projetant des ombres sur les parois de la cabane. Le silence de la nuit étend ses bras sur les Andes. Un engourdissement gagne les corps harassés de fatigue, les respirations s'allongent, l'aile du sommeil s'immobilise.

Seul un homme reste éveillé.

Il a bien tenté de compter les étoiles, mais rien n'y fait. Ses pensées vagabondent, la fièvre des départs s'est emparée de lui.

Cette petite route qui s'enfonce dans l'obscurité, quelle est-elle ? Et tous ces gens chargés de malles, de matelas et de valises ? Ces enfants qui pleurent ? Ces hommes qui scrutent le ciel avec la peur d'entendre le retour de l'avion qui les a mitraillés tantôt ? Cette femme qui cherche son mari depuis des heures ? Ce vieillard qui n'a plus la force de marcher dans la neige et qui supplie qu'on l'abandonne pour ne pas retarder les autres ?

Un jour, son père était rentré du travail en disant : "Il faut préparer les valises. On s'en va. C'est fini." Et ils étaient partis. Comme ça. Du jour au lendemain. Sans crier gare. Son père, sa mère et eux, les six enfants, à l'arrière d'un camion, sur les routes de Castille, avec l'espoir d'atteindre la frontière.

Combien sont-ils cette nuit, massés les uns contre les autres, à attendre que les forces de l'ordre les autorisent à passer de l'autre côté, dans ce pays libre qui les tiendra éloignés de la guerre ? Lui n'a jamais vu autant de monde, même lors de la Semaine sainte dans son petit village, quand toute la population suivait les processions. Maintenant il est là, collé contre ses frères et sœurs, à deux pas de ses parents qu'il ne quitte pas des yeux. Où est-elle cette France qu'ils ont décidé d'atteindre pour commencer une vie nouvelle, loin de la petite maison qu'ils ont laissée là-bas, dans les collines plantées d'oliviers et de chênes-lièges ? "Mais elle est là, la France ! Juste devant nous ! N'ayez pas peur, les enfants, nous y serons bientôt", avait dit son père, en pointant son doigt vers le nord. Sa petite sœur avait suivi du regard le bras noueux, la main, ce doigt qui semblait désigner la première étoile à scintiller dans le ciel. "Alors, papa, la France c'est le pays de l'étoile du Berger !" avait-elle dit de sa voix claire.

Des semaines sur les routes, puis des jours à attendre.

Avec la peur, la faim, le froid.

Un matin, les douaniers français avaient ouvert la frontière et ils étaient passés.

Il se souvient des larmes de sa mère. De son père qui ne cessait de répéter : "Nous sommes sauvés, nous sommes sauvés." De sa petite sœur qui se demandait où se cache l'étoile de France quand vient le jour.

Rien ne s'était déroulé comme ils l'avaient imaginé.

Il y a eu la pagaille, l'énorme pagaille au moment du passage. La brutalité des gardes mobiles. Cette piqûre faite à chacun dans l'épaule. Et puis ce train en bois, rempli de réfugiés, dans lequel on les a fait monter. Le voyage qui n'en finissait pas. La faim qui les tenaillait. L'angoisse de ne pas savoir où ils étaient emmenés. Cette gare de triage où on les a séparés. Les hommes d'un côté, les femmes et les enfants de l'autre.

Son père qu'il a vu disparaître dans la foule encadrée par les forces de l'ordre. Sa mère qui s'est retrouvée seule avec les six enfants. Les petits qui pleuraient. La fatigue qui les faisait chanceler. Le bel espoir d'une vie meilleure qui dégringolait comme la pluie pour former de grandes flaques d'eau noire dans le cœur de chacun.

Combien de temps cela avait-il duré ? Près de six mois puisqu'ils avaient passé la frontière dans les premiers jours de février et qu'il avait fallu attendre l'été 1939 pour qu'ils retrouvent leur père emmené on ne savait où. Six mois à survivre dans un camp de réfugiés. À attendre chaque jour une maigre distribution de nourriture. À dormir sur de la paille comme des animaux, enroulés à plusieurs dans des couvertures distribuées par les organisations humanitaires.

Dans quel camp monté à la hâte s'étaient-ils retrouvés ? Les noms, il les a oubliés, comme s'il avait voulu les rayer de sa mémoire, mais il revoit les baraques construites sur la plage, le sable qui s'accumule sur les parois lorsque souffle la tramontane, le papier goudronné que l'on cloue sur les toits pour éviter la pluie. Il entend encore le gémissement des malades, les pleurs de ceux qui viennent de perdre un proche. Il sent l'odeur pestilentielle des latrines aménagées contre un talus, le goût de l'eau saumâtre pompée en bord de mer. Il se souvient de ce jour d'hiver glacé où l'on avait creusé de grands trous dans le sable pour s'y glisser les uns contre les autres dans le but d'y trouver un peu de chaleur. De ces billes fabriquées avec de la terre glaise, que l'on faisait sécher au soleil, avant de les offrir aux enfants, heureux de pouvoir jouer dans le sable au printemps.

Devant eux, les rouleaux de l'Atlantique, infranchissables. Derrière eux, une friche bordée de barbelés et des soldats, noirs pour la plupart, qui surveillaient le camp, fusil en bandoulière. Pendant des semaines, sa mère avait interrogé les gendarmes, puis la Croix-Rouge, pour savoir dans quel camp se trouvait leur père. Dix fois, vingt fois, elle était revenue défaite, des larmes dans les yeux, avec la peur qu'on l'ait refoulé en Espagne ou envoyé dans un camp en Afrique du Nord. Puis un jour, un nom avait été prononcé : Gurs, près d'Oloron-Sainte-Marie, dans les Basses-Pyrénées. Un camp d'internement où se trouvaient plus d'un millier de réfugiés espagnols.

Il avait fallu attendre l'été pour les retrouvailles. Qui avait appris qu'un bateau en partance pour l'Amérique accueillerait bientôt des réfugiés ?

Il ne s'en souvient plus.

Mais il revoit la joie de sa mère sur le quai de Trompeloup, ses frères et sœurs qui attendent, les yeux gonflés de sommeil, son père qui parlemente avec l'homme aux traits amérindiens, seul habilité à valider l'admission des passagers.

La conversation s'éternise. Dans la file d'attente, des gens s'impatientent, mais son père ne bronche pas. Sa longue blouse noire de paysan flotte dans la brise du petit matin. L'homme scrute le visage

tanné du Castillan, ses mains forgées par le labeur, cette flamme qui brille dans le regard. Soudain, un bras se tend dans la direction de sa mère et de ses frères et sœurs qui sont plantés là, à deux pas du bateau.
– Combien êtes-vous ?
– Ma femme et moi avons six enfants, monsieur. Mon aîné travaille déjà avec moi. Nous sommes courageux.
– Tu dis que tu travailles le liège. Mais qu'irais-tu faire au Chili ? Il n'y a pas de chênes-lièges là-bas.
– Eh bien, monsieur, il y en aura !
La réponse de son père avait fusé. L'homme avait hésité, puis une seule phrase avait décidé de l'avenir :
– Allez, montez ! Nous avons besoin de gens comme toi.
Après, tout est allé si vite... Les papiers tamponnés. La passerelle à gravir pour grimper sur le *Winnipeg*. Son père, le buste droit, rayonnant de fierté. Et le bateau qui se peuple, le bateau

qui gonfle de tous ces gens qui embarquent, en file indienne, valises et outils en main, l'espérance chevillée au corps. Paysans, menuisiers, maçons, peintres, plâtriers, pêcheurs, chevriers, mécaniciens, rémouleurs, cordonniers, potiers, tanneurs, puisatiers, tonneliers, scieurs de long, venus de Castille, de Galice, d'Andalousie, de Catalogne, d'Estrémadure ou du Pays basque, tous partent pour une terre qu'ils ne connaissent pas mais qui est déjà la leur. Puisqu'elle les attend. Puisqu'elle les accueille.

Les moteurs tournent. La grosse cheminée crache sa rage d'en découdre avec l'océan. Sur le pont, dans la salle des machines, à la proue et à la poupe, cent hommes d'équipage sont à la manœuvre. Déjà le quai s'éloigne. L'embarcadère est vide désormais. N'y subsiste qu'un homme, chapeau en main, qui salue ceux qui partent comme il saluerait les siens.

– Il se nomme Pablo Neruda, mes enfants, n'oubliez pas ce nom.

Bientôt, sa silhouette n'est plus qu'un point, minuscule dans la lumière de l'été.

Le sommeil ne viendra pas.
L'homme entend la respiration régulière des dormeurs qui sont à ses côtés. Pourquoi la traversée des nuits sans sommeil est-elle si longue ? Comme les bateaux qui sillonnent les mers, les pensées font le tour de la Terre sans jamais se fixer. L'insomnie qui le gagne est large comme le ciel, longue comme un chemin d'exil. Elle ne prendra fin qu'avec l'aube lorsqu'apparaîtra la fine corde du rivage.
Il avait fallu attendre le 3 septembre et quatre longues semaines de navigation pour apercevoir les côtes chiliennes. Qu'avait-il fait durant ce voyage, lui le garçon de quinze ans qui travaillait autrefois le liège avec son père dans les forêts de Castille ? Il n'avait jamais vu la mer, n'était jamais monté sur un bateau... Dix ans plus tard, dans la solitude d'une cabane isolée au milieu des

Andes, il se souvient de la façon étrange dont passait le temps, lent et court à la fois, comme suspendu aux remuements de l'eau.

Que de surprises lui avait réservées le *Winnipeg* ! La traversée de l'Atlantique avait filé sans qu'il s'en rende compte, tant il y avait d'endroits à découvrir sur le cargo. Ses cent mètres de pont, ses étages, ses escaliers qui permettent de surgir dans des endroits que l'on croyait inaccessibles, les cordages et les mâts, l'immense salle des machines, la capitainerie où un homme d'équipage avait accepté de l'emmener… Le bateau était devenu pour lui un formidable terrain d'exploration. Les choses avaient changé à l'approche des tropiques. Les passagers du *Winnipeg* passaient maintenant de longues heures à discuter entre eux. Les conversations s'enflammaient. Les uns soldaient les comptes du passé, d'autres dessinaient déjà le visage de l'avenir, et tous rendaient grâce à la vie d'avoir changé de cap. Un joyeux tumulte montait des réfectoires où les échanges se poursuivaient souvent bien après les repas. Des couples s'étaient même formés, que l'on voyait se promener main dans la main le jour, et qui disparaissaient le soir sous la bâche des canots de sauvetage...

Lui s'était lié d'amitié avec un garçon un peu plus jeune que lui, originaire de Catalogne, qui avait dû quitter l'Espagne au début de l'année, en raison des activités militantes de son père. José Balmès n'avait que douze ans, mais son coup de crayon l'avait impressionné. Il disait qu'il étudierait le dessin et les beaux-arts, plus tard, quand il ferait ses études à Santiago du Chili. Au passage du canal de Panamá, José et lui étaient déjà de vrais amis. "Les deux J", avait dit sa mère en apprenant que le camarade de son fils Jorge se nommait José.
Vers le 20 août, pendant l'escale de Panamá, des tensions avaient éclaté sur le bateau. Des cas de typhoïde, une maladie infectieuse qui

provoque de la fièvre et des diarrhées, s'étaient déclarés parmi les passagers. On avait craint une épidémie. Les autorités portuaires avaient alors imposé une mise en quarantaine sanitaire du navire. Les malades avaient été confinés. Des mesures de prudence avaient été mises en place pour limiter la propagation de la bactérie. Médecins et infirmiers s'étaient démenés jour et nuit. Et puis les choses étaient lentement rentrées dans l'ordre.

Pendant cette période, Jorge et José avaient fait le maximum pour venir en aide aux uns et aux autres. Leur bonne humeur passait comme un air frais dans les coursives. Même lorsque *La Estrella*, un journal panaméen malintentionné, avait titré avec provocation "Le bateau rouge : un bateau de pestiférés".

Le 2 septembre au soir, après une escale à Arica, dans le Nord du Chili, le *Winnipeg* était entré en baie de Valparaíso. "*Valle paraíso*, la vallée du Paradis", ne cessait de répéter son père en regardant les lumières de la ville danser dans les collines qui dominent le port.

Durant la nuit qui avait précédé le débarquement, Jorge et José avaient aidé un peintre ami de Neruda, Arturo Lorenzo Arriero, à accrocher sur le flanc du bateau l'immense portrait de Pedro Aguirre Cerda qu'il avait peint sur un drap au cours de la traversée. Au matin, plus de deux mille sourires encadraient le visage du président chilien.

Ce 3 septembre, Jorge ne l'oublierait jamais. Il y avait eu d'abord la foule des Chiliens venus les accueillir sur les quais de Valparaíso, les applaudissements, les hourras. Les passagers du *Winnipeg* n'étaient plus des "indésirables" parqués dans des camps de rétention, mais des "héros" reçus à bras ouverts, le cœur plein de bienveillance et d'hospitalité.

Ce qu'ils avaient appris, quelques heures plus tard par les journaux, les avait à la fois glacés et confortés dans leur choix de débuter une vie nouvelle au

Chili : ce 3 septembre 1939, la Grande-Bretagne et la France venaient d'entrer en guerre contre l'Allemagne nazie.

Dehors, le hennissement des chevaux accompagne les premières lueurs du jour.
Les cinq hommes ont plié leurs paquetages et sont prêts à reprendre la piste. Au loin, les sommets des Andes découpent leur silhouette bleutée contre le ciel.
– En route pour notre dernière journée de marche avant la frontière. Que la chance soit avec nous !
Le passeur a pris la tête du petit groupe. Il n'est pas monté sur son cheval qu'il tient par la bride, avançant prudemment sur la moraine qui transforme le sentier en un vaste amas de débris rocheux. Les autres font de même. Les pierres

roulent sous les sabots, des éboulis rendent les pas incertains, un vent froid venu des glaciers gifle les visages. Puis le sentier réapparaît, en contrebas, dans un mouvement qui serpente en s'évasant dans la vallée.

Comme les autres, Neruda avance prudemment dans le pierrier. Avec ce mal de reins, la journée sera rude. Mais il serait malvenu de se plaindre. Les quatre hommes qui l'accompagnent sur ces pistes ont mis leur temps, leur sang-froid, leur sécurité aussi, au service de sa fuite. Seul, il n'aurait eu aucune chance.

Le passeur chemine maintenant à ses côtés. Il ne dit rien. Son regard va des pierres du chemin aux cimes enneigées qui étincelleront bientôt de lumière. Au loin, un condor décrit de grands cercles dans les airs.

– *Je suis le condor et je plane au-dessus de toi qui t'avances...*[1] murmure Neruda.

---

[1]. Pablo Neruda, "Le condor", *Les Vers du Capitaine* suivi de *La centaine d'amour*, traduit de l'espagnol par Claude Couffon, Gallimard, 1984, 248 p.

– Est-ce un poème, don Pablo ? demande le passeur.
– Aujourd'hui, ce n'est qu'une image qui me vient. Demain peut-être, j'en ferai un poème.
Les deux hommes se taisent à nouveau. Le condor tournoie désormais au-dessus de leurs têtes, rémiges déployées dans le vent.
– Et toi, l'ami, autour de quel poème tournes-tu ? Tu étais bien silencieux, hier soir, quand les autres écoutaient mon histoire.
La question de Pablo Neruda a surpris le passeur. Il prend une longue inspiration, hésite, puis se lance :
– J'étais là.
– Là ?
– Je veux dire, là-bas. Sur le quai de Trompeloup. Il y a dix ans.
Le poète s'est arrêté net. Il regarde le passeur, éberlué.
– Toi, Jorge ! Mais...
– Le Castillan à la blouse noire avec ses six enfants, l'homme qui n'était pas inscrit sur les listes

du *Winnipeg* et qui voulait travailler le liège au Chili, c'était mon père.

Neruda n'en revient pas.

– Fils... Mais oui, je m'en souviens, ce grand garçon sur le quai, avec sa mère et ses jeunes frères et sœurs. Ton père m'a fait si forte impression ce jour-là. Mais quel âge as-tu aujourd'hui, Jorge ? Et comment devient-on passeur dans les Andes quand on est né dans un village de Castille ?

Les trois autres sont arrivés à leur hauteur. Ils entourent le poète et le passeur, qui s'embrassent longuement, des larmes dans les yeux. Víctor Bianchi est le premier à saisir l'extraordinaire de la situation.

– ¡*Pero qué milagro!* Mais quel miracle, mes amis ! Rien que pour cela, vivre valait la peine.

Il marque un temps de silence, puis s'adresse à Jorge :

– Mais pourquoi n'as-tu rien dit jusque-là ? Et savais-tu qui se cachait sous la barbe du fugitif, avant qu'il ne narre son histoire ? *¡Madre de Dios!* Que la vie est belle !

Le passeur les regarde avec cette intensité qu'ont les êtres qui ont tout perdu et tout reconstruit.

– Bien sûr, je le savais. Pendant dix ans, j'ai pris des nouvelles de l'homme qui a sauvé ma famille, ce 4 août 1939. J'ai vu son nom dans les journaux, j'ai vu paraître ses livres. J'ai suivi comme je l'ai pu ses démêlés avec la politique du gouvernement inique qui a été élu en 1946. Puis j'ai compris qu'il lui faudrait quitter le Chili, comme j'avais quitté l'Espagne pendant la guerre civile. Le hasard a fait le reste, Víctor, puisqu'il t'a mis sur ma route, toi le vieil ami de don Pablo.

Jorge se tourne vers Neruda, qui le regarde, étonné.

– Oui, j'ai rencontré Víctor il y a deux ans, dans la ville de Curacautín, au nord-est de Temuco, là où les chênes-lièges de mon père côtoient les araucarias. Nous avons marché ensemble dans les Andes, écumé les sommets, cherché des itinéraires loin des sentiers battus.

Víctor prend à son tour la parole.

– Dire que c'est moi qui ai proposé à Jorge de nous conduire jusqu'en Argentine ! Il n'y a pas meilleur guide que lui pour aller jusqu'à San Martín de los Andes par les sentiers de traverse. La région où nous sommes, il la connaît comme sa poche. Mais j'ignorais qu'il te connaissait aussi, Pablo.

La joie brille dans le regard du jeune passeur.

– Tous les hommes ont leur secret, maintenant vous connaissez le mien. Aujourd'hui je suis le plus heureux des hommes puisque j'aide celui qui m'a jadis aidé. Sans le bateau de don Pablo, j'aurais continué à croupir dans un camp d'internement. Je serais resté un exilé. Peut-être aurais-je été emporté dans le naufrage de la guerre. Ce que l'on reçoit de la vie, il faut savoir le donner à son tour, n'est-ce pas ?

Les hommes ont maintenant repris leur route. Le soleil réchauffe les montagnes. Le petit sentier sinue entre des touffes d'herbe rase. Au loin, des vigognes en liberté regardent passer les cavaliers qui se dirigent vers l'est. Bientôt, ils longeront d'autres ravins, franchiront d'autres cols, dissimuleront leur fuite sous le manteau d'autres forêts.

Par quel passage dérobé franchiront-ils la frontière qui sépare le Chili de l'Argentine ? Neruda l'ignore et n'entend pas interroger le passeur à ce sujet. Autrefois, pas un des réfugiés espagnols qui franchissaient la passerelle du *Winnipeg* n'avait demandé quelle route maritime emprunterait le géant des mers pour gagner Valparaíso. Ils avaient glissé leurs petites mains d'exilés dans la grande main de la confiance humaine, et s'étaient laissé guider vers une autre vie.

Pour le poète qui fuyait la police de son pays, l'amour de la patrie claudiquait mais n'était pas à terre. Un jour il reviendrait, c'est sûr. Et ce jour-là, les portes du monde libre s'entrouvriraient à nouveau. Ses ennemis auraient beau couper les fleurs une à une, ils n'empêcheraient pas le printemps.

En regardant les pentes de la montagne qu'ils avaient gravies puis dévalées au petit jour, Pablo Neruda avait formulé en son for intérieur ces pensées qu'il coucherait bientôt sur le papier :

Le poète n'est pas une pierre éboulée. Il a deux devoirs sacrés : partir et revenir[1].

---

[1]. Pablo Neruda, "Le poète n'est pas une pierre éboulée", *Né pour naître*, traduit de l'espagnol par Claude Couffon, Gallimard, 1980. 504 p.

EUX AUSSI, ILS ONT DIT NON

Pour nous qui vivons au début du XXIe siècle, la question de l'exil est d'une actualité brûlante. Chacun de nous a croisé un jour quelqu'un qui a fui son pays pour tenter ailleurs une autre vie. Chacun sait qu'affluent dans nos villes, nos villages, des réfugiés qui ont fui la guerre, le réchauffement climatique ou la misère. L'exil nous questionne et questionne nos sociétés. Quelle place accordons-nous à l'étranger ? Quel accueil réservons-nous à ceux qui demandent asile ? Comment nous comportons-nous envers ceux que l'on nomme *migrants*, *exilés*, *réfugiés*, *apatrides*, sans toujours savoir quel terme employer ? Tous ceux qui pour survivre tentent d'atteindre un autre rivage.

On les voit entassés sur des rafiots de fortune en Méditerranée, accrochés aux barbelés aux portes de l'Europe, repoussés par des canons à eau et des bombes lacrymogènes. Des mesures sont prises pour freiner ou décourager leur progression. Des discours haineux les stigmatisent. Pourtant des hommes et des femmes leur viennent en aide, comme Pablo Neruda est venu en aide aux réfugiés espagnols en 1939. Eux aussi disent non à l'humanité naufragée.

L'EXIL ET LE NAUFRAGE

Le 2 septembre 2015, un enfant est retrouvé sans vie sur une plage de Bodrum, en Turquie, visage tourné contre le sable, corps ballotté par le ressac. Ce petit garçon rejeté par la mer se nomme Alan Kurdi. Il est syrien, d'origine kurde, et il est âgé de trois ans. Les photographies de son corps échoué sur le rivage, que prend ce jour-là le journaliste Nilüfer Demir, vont faire le tour du monde, provoquant une onde de choc incomparable. De toutes parts, des voix s'élèvent pour dire "Plus jamais ça". Des personnalités politiques, des intellectuels, des sportifs connus, de simples citoyens relancent le débat sur l'accueil des réfugiés et le sort fait aux migrants. Des artistes réalisent des peintures murales en hommage à cet enfant. Des poètes lui consacrent des textes. Des chansons évoquent son destin tragique. En 2018, un bateau de l'organisation humanitaire Sea-Eye, chargé du sauvetage des migrants en mer, est même rebaptisé *Alan Kurdi*. En très peu de temps, le petit garçon retrouvé mort sur une plage est devenu le porte-parole silencieux de tous les migrants qui perdent leur vie en voulant la sauver.

Le 1er février 2016, un artiste chinois, Ai Weiwei, se fait photographier sur une plage de Lesbos, en Grèce, allongé sur le ventre dans la même position que celle du petit Alan. Cette photographie publiée par le *Washington Post* crée aussitôt un malaise. Pourquoi mettre en scène la tragédie qui a ému la planète entière six mois plus tôt ? La réponse tient en une phrase : parce que rien n'a changé. L'article du journal *Libération* qui relate cette expérience fait alors remarquer que "dans le même week-end, 37 personnes, dont beaucoup de femmes et d'enfants, se sont noyées en mer Égée en tentant de gagner cette île de Lesbos". La simulation de l'artiste chinois est une façon de dire non à l'acceptation des drames qui se jouent quotidiennement en Méditerranée. Un moyen de se demander ce qui arrive à l'humanité.

Les chiffres sont éloquents, surtout lorsqu'on les observe sur une courte période. Selon l'OIM, l'Organisation internationale pour les migrations, 14 854 migrants et réfugiés sont entrés en Europe par la mer entre le 1er janvier et le 18 mars 2020. L'Italie, Malte, la Grèce, Chypre, l'Espagne les ont vus arriver, avec leur cortège de souffrances passées et leur aspiration à une vie meilleure. Ce que ces pays n'ont pas vu, ce sont les 219 personnes – hommes, femmes et enfants – qui sont mortes noyées lors du passage. 219 vies, comparables à celle du petit Alan Kurdi. Au total, plus de 20 000 personnes auraient péri en Méditerranée depuis 2014.

LE BATEAU ET L'ESPOIR

Alan Kurdi, Ocean Viking, Open Arms, Lifeline, Sea Watch 3, Aquarius... La liste des bateaux qui viennent aujourd'hui en aide aux migrants complète celle que l'histoire des peuples en exil a écrite au cours des siècles passés. Derrière chacun de ces noms se cachent des hommes et des femmes qui refusent de considérer l'exilé comme un indésirable, le réfugié comme un naufragé de l'existence. Certains bateaux sont devenus mythiques parce qu'ils ont porté secours aux candidats à l'exode. C'est le cas du *Mayflower*, vaisseau qui quitta le port de Plymouth en Angleterre au début du XVIIe siècle pour le Nouveau Monde. À son bord, les *pilgrims fathers* (pères pèlerins), des dissidents religieux en quête d'une terre où ils pourraient exprimer librement leur foi. Ils fondèrent la colonie de Plymouth, dans le Massachusetts, et firent partie des premiers colons des futurs États-Unis. Aujourd'hui encore, des personnalités connues, comme l'acteur de cinéma Clint Eastwood, disent leur fierté d'être de lointains descendants des passagers du *Mayflower*.

Les grandes tragédies du XXe siècle et les crises migratoires qu'elles ont occasionnées ont souvent fait du bateau le symbole de l'espoir. L'histoire du *Winnipeg*, affrété par Pablo Neruda en 1939 pour permettre l'évacuation de 2 500 réfugiés espagnols vers le Chili, est exemplaire mais elle n'est pas unique. À la même époque, d'autres bateaux permettent aux réfugiés espagnols de fuir vers les États-Unis ou les pays d'Amérique latine. Près de 20 000 exilés trouveront ainsi refuge au Mexique, pays dont le président Lázaro Cárdenas se montra favorable à l'accueil des émigrés. Des intellectuels, des artistes, des scientifiques figuraient en nombre parmi ces candidats au départ. Avec le recul, les historiens considèrent que "l'exil espagnol fut une fortune" pour le Mexique.

Pendant la Seconde Guerre mondiale, des réseaux de résistance, des organisations clandestines, des Justes ont œuvré au sauvetage des Juifs persécutés. Par voie terrestre lorsque des résistants comme Tony Gryn, Mila Racine, Marianne Cohn, et bien d'autres encore, ont organisé des itinéraires de survie pour permettre à des enfants et des adultes de gagner la Suisse. Par voie maritime lorsque des bateaux ont pu quitter l'Europe pour les États-Unis, l'Amérique latine, la Palestine où sera bientôt créé l'État d'Israël, ainsi qu'un petit pays que l'on n'attendait pas, Haïti.

Dans le roman qu'il intitule *Avant que les ombres s'effacent*, le romancier haïtien Louis-Philippe Dalembert retrace l'histoire du docteur Ruben Schwarzberg qui "fut de ceux dont le nazisme brisa la trajectoire" pour se retrouver un jour en Haïti parce que le gouvernement de l'époque autorisa ses consulats à délivrer passeports et sauf-conduits à tous les Juifs qui en formuleraient la demande. Histoire méconnue, mais histoire exemplaire puisque la République d'Haïti sauva des centaines d'êtres humains que l'État nazi voulait exterminer. Un bateau est l'emblème de cette traversée de la dernière chance : le *Saint Louis*.

En juillet 1947, un autre bateau dont le nom est resté gravé dans l'histoire quitte le port de Sète à destination de la Palestine sous mandat britannique, avec à son bord plus de 4 500 hommes, femmes et enfants juifs, tous survivants de la Shoah : l'*Exodus 47*. Ce navire, arraisonné à proximité des côtes palestiniennes par la marine britannique, n'atteindra pas son but, mais il reste le symbole du difficile sauvetage des personnes déplacées.

Aujourd'hui, alors que le monde traverse une crise migratoire de grande ampleur, des organisations humanitaires viennent en aide aux migrants. En juin 2016, par exemple, la Grèce organisait une importante opération de sauvetage au large de la Crète. En une matinée, 340 réfugiés qui se trouvaient à bord d'une embarcation de fortune à demi coulée ont été sauvés *in extremis*. Malheureusement, beaucoup n'ont pas eu cette chance. Il arrive aussi, fréquemment, que les sauveteurs se trouvent inquiétés par la justice pour avoir transgressé lois et réglementations.

LA JUSTICE ET LA DÉSOBÉISSANCE

Août 2017. Un agriculteur français, Cédric Herrou, est condamné à quatre mois de prison avec sursis par la cour d'appel d'Aix-en-Provence pour avoir transporté quelque 200 migrants, principalement des Érythréens et des Soudanais, de la frontière italienne à son domicile, dans les Alpes-Maritimes, où il a organisé un camp d'accueil. Lui a toujours affirmé qu'il entendait apporter une aide désintéressée aux migrants.

Un an plus tard, en juin 2018, c'est un bateau humanitaire affrété par Médecins sans frontières et SOS Méditerranée, l'*Aquarius,* qui se retrouve bloqué en Méditerranée avec plus de 600 migrants à bord parce que ni l'Italie, ni Malte, ni la France ne veulent l'accueillir. Il accostera finalement en Espagne, avant de connaître de nouveaux démêlés avec la justice. Sur l'antenne de France Culture, le 29 septembre, un des marins de l'*Aquarius* décrira la vie à bord du navire qui patiente au large de Malte, l'émotion que génèrent les sauvetages en mer et la honte éprouvée devant la façon avec laquelle on déshumanise celles et ceux qu'on nomme "migrants".

En 2019, c'est l'ancienne capitaine du navire *Sea Watch 3*, l'Allemande Pia Klemp, qui est dans le collimateur de la justice italienne pour avoir effectué des sauvetages de migrants en Méditerranée. Comme Cédric Herrou, elle est soupçonnée "d'aide et de complicité à l'immigration illégale" et risque une peine de plusieurs années d'emprisonnement. De son côté, la jeune femme affirme avoir respecté le droit maritime international qui implique de sauver toute personne ayant déclenché un signal de détresse.

Tous ces faits ont un point commun : ils démontrent que des organisations humanitaires, des marins, de simples citoyens n'hésitent pas à désobéir lorsqu'il s'agit de sauver des vies. À l'image de Carola Rackete, capitaine de bateau interpellée à Lampedusa, en Italie, le 29 juin 2019 pour avoir pratiqué un sauvetage sans autorisation, ils disent non à l'obéissance aveugle qui condamne des vies humaines. Non à l'indifférence. Non au naufrage de notre humanité.

Par chance, il arrive que le temps donne raison à ces sauveteurs désobéissants. Après trois jours de garde à vue, Carola Rackete a été libérée, la juge italienne chargée de l'enquête estimant qu'elle avait agi "dans l'accomplissement d'un devoir". Cédric Herrou, quant à lui, a obtenu une première victoire lorsque le Conseil constitutionnel a rejeté le principe du "délit de solidarité" dont il était accusé. À la fin de l'année 2019, le mouvement citoyen des Hautes-Alpes "Tous migrants", qui porte assistance aux exilés à la frontière italienne, a même reçu au ministère de la Justice une "mention spéciale" du jury, lors de la remise de prix qui portaient sur le thème de la fraternité.

Comme le dit un slogan maintes fois inscrit sur des banderoles :

"Sauver des vies n'est pas un crime."

POUR ALLER PLUS LOIN

À lire :
• *Le Temps des miracles*, d'Anne-Laure Bondoux (Bayard Jeunesse, 2009).
• *Rêves amers*, de Maryse Condé (Bayard Jeunesse, 2001).
• *Passagers d'exil*, de Bruno Doucey et Pierre Kobel (Éditions Bruno Doucey, coll. "Poés'idéal", 2017).
• *Antonio ou la Résistance*, de Valentine Goby et Ronan Babel (Autrement Jeunesse, coll. "Français d'ailleurs", 2011).
• *La dictature nous avait jetés là...*, de Maria Poblete (Actes Sud junior, 2018).
• *Eux c'est nous*, de Daniel Pennac, Serge Bloch, Jessie Magana, Carole Saturno (Gallimard Jeunesse, 2015).

Et pour les adultes :
• *L'Odyssée du Winnipeg*, de Ramón Chao, traduit de l'américain par André Gabastou (Buchet-Chastel, 2010).
• *Mémorial de l'île Noire*, de Pablo Neruda, traduit de l'espagnol par Claude Couffon (Gallimard, 1970).
• *J'avoue que j'ai vécu*, de Pablo Neruda, traduit de l'espagnol par Claude Couffon (Gallimard, coll. "Folio", 1975).
• *Né pour naître*, de Pablo Neruda, traduit par Claude Couffon (Gallimard, 1980).

À voir :
• *L'Émigrant*, de Charlie Chaplin, 1917.

- *Terraferma*, d'Emanuele Crialese, 2011.
- *Welcome*, de Philippe Lioret, 2009.
- *Va, vis et deviens*, de Radu Mihaileanu, 2005.
- *Fuocoammare* de Gianfranco Rosi, 2016.

Ainsi que deux documentaires consacrés au *Winnipeg* :
- *Navires de légendes : Le Winnipeg, la traversée de l'espoir*, de Lala Goma et Olivier Guiton, 2000.
- *La Traversée solidaire*, de Dominique Gautier et Jean Ortiz, 2011.

À visiter :
Musée de l'Histoire de l'immigration, à Paris
http://www.histoire-immigration.fr/

Pour s'informer :
- Ligue des droits de l'homme
www.ldh-france.org/sujet/etrangers/politique-de-l-immigration/
- La Cimade
www.lacimade.org/sengager-aupres-des-migrants-demandeurs-dasile-et-refugies/
- Tous migrants
www.tousmigrants.weebly.com/
- UNHCR "Haut Commissariat des Nations unies pour les réfugiés"
www.unhcr.org/fr/asile-et-migration.html

CHRONOLOGIE

12 juillet 1904 : naissance à Parral, au Chili, de Pablo Neruda, de son vrai nom Ricardo Eliécer Neftalí Reyes-Basoalto. Son père est cheminot, sa mère institutrice. Cette dernière meurt de la tuberculose peu après sa naissance.

1905 : installation à Temuco, ville naissante située à quelque 600 kilomètres au sud de Santiago.

1907 : il entre à l'école de Temuco. Son enfance est placée sous le signe de la forêt et de la pluie.

1920 : après avoir signé ses premiers articles et poèmes sous le nom de Neftalí Reyes, il adopte le pseudonyme de Pablo Neruda, en référence au poète tchèque Jan Neruda.

1924 : publie *Vingt poèmes d'amour et une chanson désespérée*.

1928 : débute une carrière de diplomate en devenant consul à Rangoun, en Birmanie.

1935-1935 : consul à Barcelone, puis Madrid, en Espagne.

1936 : guerre d'Espagne. Federico García Lorca est fusillé près de Grenade.

1939 : le président chilien Pedro Aguirre Cerda, récemment élu, lui demande d'organiser l'immigration au Chili de réfugiés espagnols. Plus de deux mille d'entre eux quitteront la France à bord du *Winnipeg*.

1946 : élection de Gabriel González Videla qui s'oppose violemment aux communistes chiliens. Neruda, devenu sénateur et membre du Parti communiste, est accusé de "trahison à la patrie".

1949 : quitte le Chili dans la clandestinité, puis voyage en Union soviétique, en Europe et au Mexique.

1955 : épouse une "Chilienne du Sud", Matilde Urrutia.

1959 : publie *La Centaine d'amour*.

1969 : soutient la candidature de Salvador Allende à la présidence du Chili.

1971 : devient ambassadeur du Chili à Paris, année où il obtient le prix Nobel de littérature.

11 septembre 1973 : coup d'État militaire au Chili : mort de Salvador Allende et du chanteur Victor Jara. Saccage de la maison de Pablo Neruda.

23 septembre 1973 : il meurt à Santiago dans des circonstances qui n'ont jamais été pleinement élucidées.

L'AUTEUR

Bruno Doucey connaît bien la force des poètes capables de transformer leur indignation en actes. Pablo Neruda – trait d'union entre Federico García Lorca et Victor Jara, dont il a déjà raconté le combat dans la collection "Ceux qui ont dit non" –, est de ces hommes ardents qui ont su déplacer les montagnes au nom de leurs idéaux. Bruno Doucey avait à cœur depuis longtemps de raconter la manière dont le poète chilien avait sauvé des milliers de réfugiés de la guerre d'Espagne. Le sort inhumain réservé aux migrants en Méditerranée, à l'aube de ce XXIe siècle, a transformé ce désir en une urgence absolue. Ce livre, nourri de cette colère, nous montre que l'exil est toujours un déchirement, et qu'il y va de notre humanité de tendre la main à celui qui se noie. À lire, comme un formidable antidote aux renoncements d'aujourd'hui.

DU MÊME AUTEUR

Chez le même éditeur :
• *Gustave Courbet, non au conformisme,* avec Maria Poblete, Elsa Solal et Murielle Szac (Actes Sud junior, coll. "Ceux qui ont dit non", 2019).
• *Lounès Matoub, non aux fous de Dieu,* (Actes Sud junior, coll. "Ceux qui ont dit non", 2018).
• *Non à l'intolérance,* avec Gérard Dhôtel, Nimrod, Maria Poblete, Elsa Solal et Murielle Szac (Actes Sud junior, coll. "Ceux qui ont dit non", 2015).
• *Non à l'individualisme,* avec Gérard Dhôtel, Nimrod, Maria Poblete, Elsa Solal et Murielle Szac (Actes Sud junior, coll. "Ceux qui ont dit non", 2011).
• *Federico García Lorca, non au franquisme* (Actes Sud junior, coll. "Ceux qui ont dit non", 2010, réédition 2014).
• *Victor Jara, non à la dictature* (Actes Sud junior, coll. "Ceux qui ont dit non", 2008, réédition 2015).

Chez d'autres éditeurs :
• *Ne pleure pas sur la Grèce* (Éditions Bruno Doucey, coll. "Sur le fil", 2021).
• *La vie est belle*, illustrations de Nathalie Novi (Éditions Bruno Doucey, coll. "Poés'histoires", 2019).

- *Petit éloge de la lenteur*, dessins de Zaü (Le Calicot, 2019).
- *Pablo Neruda, le poète pacifique* (À dos d'âne, 2017).
- *Ceux qui se taisent* (Éditions Bruno Doucey, coll. "Soleil noir", 2016).
- *Le Carnet retrouvé de monsieur Max* (Éditions Bruno Doucey, coll. "Sur le fil", 2015).
- *Si tu parles, Marianne* (Elytis, 2014).
- *Aimé Césaire, un volcan nommé poésie* (À dos d'âne, 2014, réédition 2019).
- *S'il existe un pays* (Éditions Bruno Doucey, coll. "Soleil noir", 2013).
- *L'Aventurier du désert*, photographies de Jules Jacques (Elytis, 2010).
- *La Neuvaine d'amour* (Écrits des Forges/L'Amandier, 2010).
- *La Cité de sable* (Rhubarbe, 2007).
- *Poèmes au secret* (Le Nouvel Athanor, 2006, réédition 2008).
- *Le Livre des déserts, itinéraires scientifiques, littéraires et spirituels*, essai sous la direction de Bruno Doucey (Robert Laffont, coll. "Bouquins", 2006).
- *Moïse* (Retz, 2001).

DANS LA MÊME COLLECTION

Abd el-Kader :
"Non à la colonisation"
(nouvelle édition)
Kebir-Mustapha Ammi

Mordechaï Anielewicz :
"Non au désespoir"
(nouvelle édition)
Rachel Hausfater

Lucie Aubrac :
"Non au nazisme"
(nouvelle édition)
Maria Poblete

Joan Baez :
"Non à l'injustice"
Murielle Szac

Hubert Beuve-Méry :
"Non à la désinformation"
Frédéric Ploquin

Général de Bollardière :
"Non à la torture"
(nouvelle édition)
Jessie Magana

Rachel Carson :
"Non à la destruction
de la nature"
Isabelle Collombat

Aimé Césaire :
"Non à l'humiliation"
(nouvelle édition)
Nimrod

Gustave Courbet :
"Non au conformisme"
Bruno Doucey, Maria Poblete,
Elsa Solal, Murielle Szac

Marie Curie :
"Non au découragement"
Élisabeth Motsch

Angela Davis :
"Non à l'oppression"
Elsa Solal

Denis Diderot :
"Non à l'ignorance"
Raphaël Jerusalmy

Marie Durand :
"Non à l'intolérance
religieuse"
(nouvelle édition)
Ysabelle Lacamp

Célestin Freinet :
"Non à l'ennui à l'école"
Maria Poblete

Gandhi :
"Non à la violence"
(nouvelle édition)
Chantal Portillo

Federico García Lorca :
"Non au franquisme"
(nouvelle édition)
Bruno Doucey

Emma Goldman :
"Non à la soumission"
Jeanine Baude

Olympe de Gouges :
"Non à la discrimination
des femmes"
(nouvelle édition)
Elsa Solal

Gisèle Halimi :
"Non au viol"
(nouvelle édition)
Jessie Magana

Victor Hugo :
"Non à la peine de mort"
(nouvelle édition)
Murielle Szac

Victor Jara :
"Non à la dictature"
(nouvelle édition)
Bruno Doucey

Jean Jaurès :
"Non à la guerre"
(nouvelle édition)
Didier Daeninckx

Frida Kahlo :
"Non à la fatalité"
Elsa Solal

Janusz Korczak :
"Non au mépris de l'enfance"
(nouvelle édition)
Isabelle Collombat

Primo Levi :
"Non à l'oubli"
Daniele Aristarco
et Stéphanie Vailati

Rosa Luxemburg :
"Non aux frontières"
Anne Blanchard

Nelson Mandela :
"Non à l'apartheid"
(nouvelle édition)
Véronique Tadjo

Lounès Matoub :
"Non aux fous de Dieu"
Bruno Doucey

Chico Mendes :
"Non à la déforestation"
(nouvelle édition)
Isabelle Collombat

Louise Michel :
"Non à l'exploitation"
(nouvelle édition)
Gérard Dhôtel

Harvey Milk :
"Non à l'homophobie"
(nouvelle édition)
Safia Amor

Gabriel Mouesca :
"Non à la violence carcérale"
(nouvelle édition)
Caroline Glorion

Nadia Murad :
"Non à l'esclavage sexuel"
Maria Poblete

Rosa Parks :
"Non à la discrimination raciale"
(nouvelle édition)
Nimrod

Leonard Peltier :
"Non au massacre
du peuple indien"
(nouvelle édition)
Elsa Solal

Anna Politkovskaïa :
"Non à la peur"
(nouvelle édition)
Dominique Conil

Jacques Prévert :
"Non à l'ordre établi"
Murielle Szac

George Sand :
"Non aux préjugés"
Ysabelle Lacamp

Victor Schoelcher :
"Non à l'esclavage"
(nouvelle édition)
Gérard Dhôtel

Sophie Scholl :
"Non à la lâcheté"
(nouvelle édition)
Jean-Claude Mourlevat

Simone Veil :
"Non aux avortements
clandestins"
(nouvelle édition)
Maria Poblete

Joseph Wresinski :
"Non à la misère"
(nouvelle édition)
Caroline Glorion

Émile Zola :
"Non à l'erreur judiciaire"
(nouvelle édition)
Murielle Szac

Non à l'indifférence (nouvelles)
Gérard Dhôtel, Jessie Magana,
Nimrod, Maria Poblete, Elsa Solal,
Murielle Szac

Non à l'individualisme (nouvelles)
Gérard Dhôtel, Bruno Doucey,
Nimrod, Maria Poblete, Elsa Solal,
Murielle Szac

Non à l'intolérance (nouvelles)
Gérard Dhôtel, Bruno Doucey,
Nimrod, Maria Poblete, Elsa Solal,
Murielle Szac

Reproduit et achevé d'imprimer en avril 2021 par l'imprimerie
Normandie Roto Impression s.a.s. à Lonrai pour le compte des éditions
ACTES SUD, Le Méjan, Place Nina-Berberova, 13200 Arles.

Dépôt légal – 1re édition : octobre 2020 – N° impr. : 2102036
(Imprimé en France)